Ursula Bieber

Kinderbunte Stoffmalerei

frech-verlag

Zum Thema Stoffmalerei sind im Frech-Verlag bereits andere Titel erschienen:

Gisela Heim
Gib Stoff mal Farbe!
Jeans, T-Shirts, Taschen, Tücher – die Stoffmalerei hat sich gemausert. Moderne Stoffe werden heute mit künstlerischen Designs gestaltet. Neben den Modellen werden die verwendeten Farben erläutert, mit Farbtabellen und ausführlichen Verarbeitungshinweisen.
48 S., Farbf., Vorlagenbg.
TOPP 1484 ISBN 3-7724-1484-2

Gisela Heim
Manege frei für Stoffmalerei
Hereinspaziert in die bunte Welt der Stoffmalerei. Im Mittelpunkt steht Kindermode mit glitzernden und leuchtenden Motiven. Die ausführlichen Verarbeitungstips und zum Teil abbügelbaren Vorlagen machen es auch Anfängern leicht.
32 S., Farbf., Vorlagenbg.
TOPP 1550 ISBN 3-7724-1550-4

Gisela Heim/
Hildegard Rottenburger
Stoffmalmotive – abbügeln, anmalen, applizieren
Applikationen liegen stark im Trend. Neu: Selbstgemalte Stoffbilder applizieren. Die Motive sind einfach durch Abbügeln zu übertragen. Das Ausmalen mit Stoffmalstiften ist kinderleicht.
Mappe A5, Vorlagenbogen
TOPP 1560 ISBN 3-7724-1560-1

Fotos: Frech-Verlag GmbH + Co. Druck KG Stuttgart, Birgitt Gutermuth

Auflage: 5. 4. 3. 2. 1. | Letzte Zahlen
Jahr: 1996 95 94 93 92 | maßgebend

frech-verlag
GmbH+Co. Druck KG Stuttgart · Druck: Frech, Stuttgart 31

ISBN 3-7724-1595-4 · Best.-Nr. 1595

Liebe Kinder!

Auf geht's! Tolle Stoffmalfarben warten darauf, Eure Kleidung, Schuhe und Taschen bunt und fröhlich zu verzieren. In diesem Buch zeigen Kinder im Alter zwischen drei und dreizehn Jahren, wie viele Ideen es für kinderbunte Stoffmalerei gibt. Als Anregungen findet Ihr ihre Arbeiten. Jeder von Euch, der gerne malt, wird großen Spaß dabei haben und danach Besitzer eines originellen und einmaligen Kleidungsstücks sein – da wird Euer Banknachbar in der Schule gewiß nicht im gleichen T-Shirt kommen! Den Kleineren von Euch im Alter zwischen drei und sieben Jahren sollten die Eltern oder die größeren Geschwister vielleicht noch ein bißchen helfen; ab acht Jahren schafft Ihr es mit diesem Buch aber bestimmt auch alleine. Wegen der Farben erkundigt Ihr Euch am besten im Fachgeschäft – die Auswahl ist groß!

Der kleine „Drago" wird Euch durch dieses Buch begleiten und auf wichtige Dinge hinweisen, damit auch alles gut gelingt. Er weiß nämlich ganz genau, worauf es ankommt. Also aufgepaßt, wenn Ihr ihn seht – es lohnt sich!
Viel Spaß beim Stoffmalen wünschen Euch:
Florian (3), Felix (5), Tobias (7), Anna (11), Inga und Eva (12), Hannes, Nina und Daniel (13) und natürlich Ursula sowie Drago

Ist das nicht keck? Der Fleck ist weg! Wo einmal ein dicker Obstfleck war, der jeder Wäsche widerstand, tummeln sich jetzt lauter bunte Punkte. So kann man aus einem „verklecksten“ Pullover einen „Klecksepullover“ machen!

Keine schlechte Idee, oder?

Euer Arbeitsmaterial

Bevor es richtig losgeht, müßt Ihr Euch folgende Hilfsmittel zurechtlegen.

- Zwei oder drei Pinsel in verschiedenen Stärken. Ihr könnt sowohl mit Borsten- als auch mit Haarpinseln arbeiten.

- Ein Wasserglas zum Reinigen der Pinsel und ein Stückchen Stoff zum Trockentupfen.

- Ein dünnes Holzbrett oder ein Pappkarton zum Unter- oder Dazwischenlegen, damit die Farbe nicht durchfärbt. **Benutzt dafür kein Papier!** Es bleibt bei manchen Farben kleben und läßt sich nur schwer entfernen.

- Ein Vorzeichenstift, mit dem Ihr Eure Entwürfe zunächst vormalen könnt. Am besten ist der sogenannte „Phantom-" oder „Sublimatstift". Er heißt so, weil er von ganz alleine nach 24 Stunden wieder verschwindet. Noch schneller geht es, wenn er mit Feuchtigkeit (Wasser oder Farbe) in Berührung kommt. Ihr könnt Euch also ruhig einmal „vermalen"!

- T- Shirts, Hosen, Röcke, Jacken, Taschen, Tischdecken, Bettwäsche, Stoffschuhe, Baumwollpullover oder was auch immer Ihr sonst noch bunter und schöner machen wollt. **Allerdings sollten alle Stoffe, die Ihr bemalen wollt, vorher einmal gewaschen werden,** damit die Appretur entfernt wird und die Farbe gut in den Stoff eindringen kann. (Einzige Ausnahme: die Stoffschuhe.)

Jetzt fehlen Euch nur noch die richtigen Farben. Auf den folgenden Seiten sagen wir Euch, welche verschiedenen Sorten es gibt, wofür sie geeignet sind und wie man mit ihnen umgehen muß. Ihr solltet Euch das Ganze gut durchlesen, bevor Ihr ans Werk geht. Es gibt unzählige Farbvariationen von verschiedenen Herstellern, fragt einfach in den Geschäften nach.

Damit Ihr bei unseren Malbeispielen schnell erkennen könnt, welche Farben bei dem jeweiligen Modell verwendet wurden, haben wir uns folgendes ausgedacht:
Bei allen Bildern findet Ihr verschiedenfarbige Kleeblätter. Jedes steht für eine bestimmte Stoffmalfarbe:

- Stoffmalfarbe für helle Stoffe
- Stoffmalfarbe für dunkle Stoffe
- Metallische Stoffmalfarbe für helle und dunkle Stoffe
- Stoffmalstift
- „Fiber Fun“-Stoffmalfarbe mit Mohair-Effekt
- „Candy Cristl“-Stoffmalfarbe mit Kristallen
- Glitzerfarbe
- Plusterfarbe

Die Stoffmalfarbe

Ich bin wahrscheinlich die bekannteste Farbe zum Bemalen von Stoffen. Ich werde mit dem Pinsel aufgetragen und bin vor allem zum Ausmalen größerer Flächen sehr gut geeignet. Auch für das „Drucken“ (Kartoffel-, Stempel-, Finger- und Blätterdruck) bin ich unentbehrlich. Es gibt mich …

für helle Stoffe

für dunkle Stoffe

metallisch für dunkle und helle Stoffe

Nach dem Trocknen müßt Ihr mich von der Rückseite etwa drei Minuten bügeln. Dabei werden wir fixiert, so daß Ihr uns auch waschen könnt. Die Pinsel könnt Ihr übrigens, wie bei allen meinen anderen Farbverwandten, mit Wasser reinigen. Aber nur, solange ich noch nicht getrocknet bin.
Übrigens: Es gibt mich auch in Tuben mit einer langen, dünnen Aufsatzdüse. Damit eigne ich mich gut zum Umranden von Figuren oder für Schriftzüge, da ich ganz dünn aufgetragen werden kann.

Der Stoffmalstift

Ich halte mich ja für den absoluten „Star“ unter allen meinen Farbverwandten. Es gibt mich sowohl in dünner als auch in dicker Ausführung. Vor allem die „Dikken“ werden von Euch Kindern ganz gerne verwendet. Das Stoffmalen ist mit uns ja auch das reinste Kinderspiel.

Wir sehen aus wie Filzstifte, und genauso könnt Ihr auch mit uns umgehen. Ob für dünne Linien oder für Flächen – wir machen uns überall gut!

Wir trocknen ganz schnell und brauchen danach nicht einmal gebügelt zu werden, sondern sind von ganz alleine waschfest. Toll! Oder?

Einen kleinen Nachteil muß ich allerdings eingestehen. Auf Stoffen mit kräftigen, dunklen Farben könnt Ihr uns nicht verwenden, weil wir dafür nicht genug Deckkraft haben. Nehmt also nur weiße oder ganz helle Stoffe, wenn Ihr mit uns malen wollt.

„Fiber Fun“ – die Stoffmalfarbe mit Mohair-Effekt

Ich bin etwas ganz Edles. Meine langen Flitterfäden geben Eurer Malerei ein wertvolles Aussehen. Ich werde mit dem Pinsel aufgetragen und sehe sowohl auf hellen wie auf dunklen Stoffen toll aus.

Ihr könnt mich übrigens auch über eine bereits bemalte Fläche auftragen, weil der Untergrund durch mich hindurchschimmert!

Bügeln braucht Ihr mich nicht, damit ich waschbar werde. Das bin ich schon von ganz alleine.

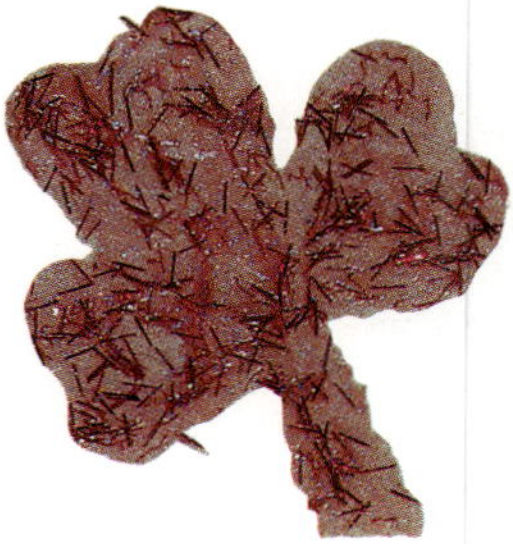

„Candy Cristl" – die Stoffmalfarbe mit Kristall-Effekt

Achtung! Wer einmal mit mir gemalt hat, kann gar nicht mehr damit aufhören. Mein Glitzern und Funkeln erinnert an bunte Kristalle. Ihr könnt mich mit dem Pinsel auftragen oder Farbtupfer aus meiner Aufsatzdüse herausdrücken, in die Ihr Glitzersteinchen, Perlen oder andere Schmuckstücke eindrückt. Wenn ich gut getrocknet bin, halte ich sie so fest, als hättet Ihr sie festgenäht.

Was glaubt Ihr, wie toll man auf diese Weise zum Beispiel Schuhe, Jeansjakken und vieles andere verzieren kann! Ich bin sowohl auf dunklen wie auf hellen Stoffen sehr attraktiv und muß nicht gebügelt werden, sondern bleibe auch so beim Waschen beständig.

Zum Trocknen brauche ich ein bißchen länger; deshalb verwendet micht erst am Ende Eurer Malerei, damit Ihr mich nicht aus Versehen verwischt. Genau wie mein Kollege „Fiber Fun" hafte ich auf vielen Untergründen, nicht nur auf Stoff!

Glitzerfarbe

Mich, die Glitzerfarbe, könnt Ihr sowohl zum Nachziehen von Konturen verwenden, wie auch flächig vermalen. Ein dünner Glitzerschimmer über bereits eingefärbten, getrockneten Farbflächen sieht ebenfalls sehr hübsch aus. Ich befinde mich in einer Tube mit dünnem Spritzaufsatz, so daß Ihr mich ganz ohne Pinsel auftragen könnt.

Für große Flächen solltet Ihr mich aber doch mit dem Pinsel verteilen, damit ich gleichmäßiger aussehe.

Nach dem Trocknen muß ich von der Rückseite gebügelt werden, wenn Ihr mich später waschen wollt.

Ihr könnt mit mir auch Spanschachteln, Briefpapier, Glaskugeln und vieles mehr verzieren, weil ich genau wie „Candy Cristl“ und „Fiber Fun“ auf vielen Untergründen halte!

„**Puff Paint**“ – Plusterfarbe

Hallo Leute! Mit mir habt Ihr bestimmt den größten Spaß! Das klingt vielleicht etwas überheblich, aber das liegt nun mal in meiner Natur. Ich **muß** mich einfach aufplustern, sonst sehe ich nach nichts aus. Meist bin ich in einer Tube, aus der Ihr mich direkt auf den Stoff auftragen könnt. Ob Linien oder Flächen – alles sieht mit mir einfach toll aus. Wichtig ist nur, daß Ihr mich ganz gut trocknen laßt; am besten über Nacht. Das Warten lohnt sich, das verspreche ich Euch; denn wenn Ihr mich danach von der **Rückseite** bügelt, plustere ich mich so richtig auf und sehe wie dicker Schaum aus.

Ihr könnt mich sowohl auf hellen wie auf dunklen Stoffen verwenden; und wenn Ihr mich nicht bügeln könnt (z. B. auf Stoffschuhen), kann ich auch mit dem Haarfön geplustert werden. Das dauert zwar etwas länger, hat aber dieselbe Wirkung.

Und so wird's gemacht:

Nachdem Ihr Euer Motiv mit dem Phantomstift vorgezeichnet habt, wird es mit einem schwarzen Stoffmalstift umrandet. Anschließend malt Ihr alle Flächen aus, die Ihr für den Stoffmalstift vorgesehen habt. Mit dem Stoffmalstift zu beginnen ist deshalb sinnvoll, weil er am schnellsten trocknet und Ihr so beim weiteren Malen nicht Gefahr lauft, etwas zu verwischen.

Als nächstes empfehlen wir Euch, all das auszumalen, was Ihr mit Stoffmalfarbe gestalten wollt. Auch diese trocknet nämlich recht schnell.
Nicht vergessen: Die Pinsel immer gleich nach dem Malen auswaschen, bevor die Farbe trocknet!

Jetzt ist „Fiber Fun", die Mohairfarbe, an der Reihe.
Auch diese Farbe tragt Ihr mit dem Pinsel auf.
Die Jacke von unserem Clown bekommt dadurch eine sehr elegante Note. **(Pinsel reinigen!)**

Mit der Glitzerfarbe verzieren wir die andere Seite des Clownkostüms. Ihr könnt sie direkt aus der Tube herausdrücken. Bei großen Flächen helft Ihr mit dem Pinsel nach, damit sich die Glitzerteilchen gleichmäßig verteilen.

Für die Clownschuhe verwenden wir den auffälligen und sehr wirkungsvollen „Candy Cristl“. (Pinsel reinigen!)

Als besonderen Zusatzeffekt setzen wir einen Tropfen „Candy Cristl“ auf die Schuhspitzen und kleben damit einen kleinen Glitzerstein fest. Nach dem Trocknen haftet er ganz gut und hält auch das Waschen aus!

Die Plusterfarben verwenden wir ganz am Schluß, da sie zum Trocknen recht lange brauchen.
Hände, Knöpfe und Hosenpunkte werden sich nach dem Plustern toll vom Hintergrund abheben. Achtet beim Auftragen der Farbe darauf, daß sie gleichmäßig verteilt ist.

Hier seht Ihr die fertige Tasche. Sieht doch schön aus, oder?

Weihnachtliche Geschenkideen

Braucht Ihr eine Geschenkidee für Weihnachten?

Wie wäre es denn mit so einer fröhlichen, bunten Weihnachts-Einkaufstasche? Damit machen Euren Eltern die Besorgungen bestimmt viel mehr Spaß, und vielleicht tragen sie damit besonders schöne Geschenke nach Hause!

Bunt, bunter, am buntesten …

… ist dieser lustige Clown von Anna geworden.

Mit so einem fröhlichen T-Shirt kommt die gute Laune ganz von alleine! Wetten?

In Urlaubsstimmung

Anna und Julia träumen schon von den nächsten Ferien. Um sich in Urlaubsstimmung zu bringen, haben die zwei ihre kurzen Shorts sommerlich bemalt. Julia hat ihre Hose mit den lustigen Tiergestalten aus einer ihrer Lieblingsgeschichten geschmückt.

Eine tierische Sommerhose

Auf Annas Hose tummeln sich glitzernde, bunte Fische, Muscheln und Seesterne.

„Wir bremsen auch für Tiere!“

Das haben sich Inga, Hannes, Julia und Eva ganz fest vorgenommen und als Motto auf ihre Fahrradjacken geschrieben. Damit auch gleich jeder weiß wofür, haben sie die besonders gefährdeten Tiere dazugemalt.
Vielleicht nehmen sich die Erwachsenen in ihren Autos ja ein Beispiel daran. Das wäre schön!

Julia „bremst“ für Igel.

Inga „bremst“ für Kröten.

Hannes „bremst“ für Vögel.

Eva „bremst“ für Katzen.

Ein echter Schürzenjäger

Hier seht Ihr Tobias, den „Schürzenjäger"! Ob zum Basteln, beim Malen, Gärtnern oder Kochen – mit dieser tollen Dinosaurier-Dschungel-Schürze klappt alles gleich viel besser.

Kunterbunte Schuhe

„Zeigt her Eure Füße, zeigt her Eure Schuh, und sehet den fleißigen Stoffmalern zu.“ Denn dann könnt Ihr auch bald solche „supertollen“ Schuhe selbermachen.

Vom Apfel bis zum Tennisschläger und von der Sonnenbrille bis zum Seestern haben wir alles untergebracht, was Sommerlaune macht.

Am Schluß wurden die Schnürsenkel der Stoffschuhe noch durch passende Schleifen ersetzt. Wo gibt es solche Schuhe schon zu kaufen?!

Der Geheimbund tagt

Hannes, der Anführer des gefürchteten Geheimbundes „Schwarze Spinne“, hat sich ein T-Shirt bemalt.

Zwischen glitzernden Spinnweben hockt die große Kreuzspinne auf der Lauer und harrt ihrer Opfer!

Hier spielt die Musik

Schließlich kann man ja ruhig zeigen, was man in der Freizeit gerne macht. Bei Nina ist es das Klavierspielen. Bei Euch kann es natürlich auch ein Tennisschläger, ein Fahrrad oder eine bunte Briefmarke sein, um nur einige Beispiele zu nennen.

Im Dschungel ist was los!

Giraffen, Elefanten, wilde Schlangen und bunte Vögel tummeln sich auf Ingas Dschungelhose. Dazwischen ranken Lianen und Blumen die Hosenbeine hinauf. In der Ferne brüllt ein Löwe! Hört Ihr ihn?

Im Kasperltheater

„Hurra! Hurra! Der Kasper ist **NICHT** da!" – So freut sich das böse Dreiergespann: der mächtige Zauberer „Warwohlnix", die gräßliche Hexe „Donnersüppchen" und der gemeine Teufel „Zündelmaier". Sie planen, die reizende Prinzessin „Blauäuglein" zu entführen.

Wie die Geschichte weitergeht, wird zwar nicht verraten; wie wir die Figuren gemacht haben, erzählen wir Euch aber gerne.

Mit einer lufttrocknenden Modelliermasse haben wir die Gesichter um eine Holzkugel geformt. Wichtig ist, daß Ihr einen Hals und den Schulteransatz dazumodelliert, damit die Kleider am Kopf befestigt werden können. Nach dem Trocknen (etwa 24 Stunden), haben wir die Köpfe mit Plakatfarbe bemalt und lackiert.

Das Tollste an unseren Figuren sind allerdings die handbemalten Kleider. Mit den vielen verschiedenen Stoffarben kann man jedes Kleid passend gestalten. Die glitzernden Gewänder von Zauberer und Prinzessin haben wir mit „Candy Cristl", „Fiber Fun" und Glitzerfarbe bemalt.

Teufel- und Hexengewand wurden mit Stoffmalfarbe und etwas Glitzerfarbe (für den letzten Schliff) geschmückt.

Ihr könnt natürlich noch viele andere Figuren auf diese Weise gestalten, bis Ihr Euer ganz persönliches und einmaliges Kasperltheater beieinander habt.

Zur Fertigstellung benötigt Ihr noch Plüsch- oder Wollhaare und vielleicht noch jemanden, der Euch beim Nähen der Kleider etwas hilft.

Selbstporträt

„Kleiner Mann ganz groß", dachte sich Tobias und malte sein Gesicht gleich noch mal auf sein lila T-Shirt.
Ist doch echt gut getroffen, oder?

Wir passen auf die Erde auf

Seid Ihr nicht auch der Meinung, daß wir immer daran denken sollten, mit unserer Erde und allem, was darauf lebt, sehr sorgfältig umzugehen?
Wir haben uns ein paar Gedanken zu den Dingen gemacht, die uns so, wie sie im Moment sind, nicht gefallen. Diese Probleme haben wir mit Stoffmalfarben in Bild und Text auf Baumwolltaschen dargestellt.
Wir hoffen, daß unsere Taschen den einen oder anderen doch nachdenklicher machen und wir so der Umwelt ein bißchen helfen.
Macht doch auch mit! Bestimmt habt Ihr auch viele gute Ideen.

Eva hat etwas gegen Tierversuche!

Anna bekümmert es,
daß die Bäume durch
den sauren Regen sterben!

Nina ist gegen die vielen Drogen!

Hannes zeigt deutlich,
daß die Luftver-
schmutzung allen schadet!

Julia ärgert sich
über das viele Gift in
unserem Essen!

Inga macht sich Sorgen
um saubere Gewässer
für Mensch und Tier!

Der Ritterkampf

Hier seht Ihr Ritter Felix und Ritter Florian im grimmigen Zweikampf. Auf wilden Rössern reiten sie zum Angriff. Die Fahnen, die ihre Herkunft und ihre Wappen zeigen, flattern im Wind.
Selbst die Kleineren von Euch können sich solche tollen Ritterfahnen mit Stoffmalfarben und Stoffmalstiften selber machen.
Übrigens – auch keine schlechte Idee für Piraten, Robin Hoods oder Indianer!

Einfach zum Schmusen!

Frederik zeigt stolz seine Schmusetiersammlung! Seine älteren Geschwister haben sie für ihn bemalt.
Solche Stofftiere gibt es, fertig genäht und natürlich unbemalt, in Bastelgeschäften zu kaufen. Mit Stoffmalstiften könnt Ihr sie nach Eurem Geschmack anmalen.

Ein stolzer Surfer

Skateboard fahren ist ja ganz schön, aber Tobias würde noch viel lieber Surfen lernen! Da er dafür noch etwas zu jung ist, hat er sich seinen Traum erst einmal auf seine Jacke gemalt. Vielleicht geht er dann ja in Erfüllung?

Jetzt kann's regnen!

Mit diesem phantasievollen Regenschirm, auf dem sich purzelbaumschlagende Artisten, Einradfahrer, Häuser, Bäume und Autos gesellig tummeln, vertreibt Tobias bestimmt die dicksten Regenwolken. Eigentlich schade – dann braucht er den Schirm ja gar nicht mehr!

Komische Leute

Kennt Ihr das lustige Malspiel „Komische Leute“? Es macht Spaß und liefert Euch zusätzlich jede Menge Ideen für die Stoffmalerei. Wenn Ihr mal zu mehreren beisammen seid, könnt Ihr es ausprobieren.

Wir haben unsere besten Ergebnisse mit den verschiedenen Stoffmalfarben auf T-Shirts übertragen. Ihr könnt sie auf den folgenden Seiten bewundern.

Für alle, die das Spiel noch nicht kennen, haben wir die Spielanleitung beigefügt.

Spielanleitung „Komische Leute“

Anzahl der Mitspieler: 3 bis 6
Alter der Mitspieler: 3 bis 99 Jahre
Material: Für jeden Mitspieler ein Blatt Papier und ein Stift

Spielverlauf: Zunächst malt jeder eine lustige Kopfbedeckung. Das kann ein Hut, aber ebensogut ein Turban oder ein Federschmuck sein. Achtet darauf, daß Euer Nebenmann nicht sehen kann, was Ihr Euch ausgedacht habt! Wenn Ihr damit fertig seid, wird das Papier soweit umgeknickt, bis Euer Bild nicht mehr zu sehen ist. Nur zwei kleine Ansatzstriche zeigen an, wo weitergemalt werden soll. Die Blätter werden nun rundum an den jeweils rechten Mitspieler weitergereicht. Die Aufgabe besteht jetzt darin, einen möglichst witzigen Kopf zu malen.
Im weiteren Spielverlauf kommen auf diese Weise (malen, umknicken, nach rechts weiterreichen) noch ein Oberteil, ein Unterteil und ein Paar originelle Schuhe hinzu. Aber das alles natürlich völlig verdeckt, so daß keiner weiß, ob er z.B. einen Clown gerade mit einem Rock und ein Paar Ballettschuhen geschmückt hat.
Am Schluß werden die inzwischen ganz zusammengefalteten Papiere eingesammelt und die Geheimnisse gelüftet. Das gibt ein Hallo!

Hier die „Komischen Leute“ von Eva und Nina. Die etwas ungesund grüne Dame mit dem auffälligen Punktekleid hat sich vermutlich in der Galaxis verirrt.

Der lustige Seppelhut-Clown-Boxer zeigt ihr wohl gerade die richtige Startrampe für ihre Heimreise.

Das sind Julias und Ingas Werke. Links seht Ihr eine Mischung aus einem Lausbub mit Federhut, einem Kraftmaxen und einer feinen Dame im Abendkleid.

Rechts eine durchaus gelungene Mischung aus Daisy Duck, einer Badenixe und einem Schulmädchen.

◄ Ein kugelrunder Clown

Der Clown von Hannes grinst recht selbstzufrieden! Ob das an dem kugelrunden Bauch oder an der flotten, karierten Fußballhose liegt? Das werden wir wohl nie erfahren!

Komische Tiere ►

Was mit den lustigen Leutchen so gut geklappt hat, sieht auch bei unseren „Komischen Tieren“ gut aus!

Bei Daniel seht Ihr die ungewöhnliche Mischung aus Nashorn, Fisch, Frosch und Löwe (Schwanz!). In der „Fachsprache“ heißt dieses seltsame Tier übrigens „NaFiFroLö“!

Annas interessante Kreuzung ist fast noch schwieriger zu erkennen. Nach Aussagen der Maler handelt es sich aber um eine „SchneNilDraGemse“. Oder übersetzt: Eine Schnecken-Nilpferd-Drachen-Gemse! Alles klar?

Katz und Maus

Wer hat Angst vor kleinen Mäusen? Anna bestimmt nicht! Deshalb hat sie sich gleich ein paar ordentlich große Exemplare auf ihren Pullover gemalt.

„Miau, miau! Hier sitzt ein kleiner Mondanbeter und traut sich nicht herunter!“ Aber ohne das Katerchen wäre das Hemd auch längst nicht so schön, oder?

Ein Comic-Shirt

Hallo, Freunde! Was sagt Ihr zu Daniels „supercoolem“ Comic-Shirt?

Es ist der Entwurf zu dem neuen Comic-Knüller „Grins und Grunz, die Verteidiger des Planeten ‚Grimsgrams‘“, oder so ähnlich!

Drucken mit Blättern

Eine interessante Variante ist das Drucken mit den Blättern verschiedener Pflanzen. Auch eine größere Anzahl von Kindern können dabei gemeinsam etwas gestalten.

Und so wird's gemacht

Sammelt zunächst verschiedene, frische Blätter. Schön sind vor allem solche mit unterschiedlich gezackten Blatträndern. Gut bewährt haben sich die Blätter folgender Pflanzen: Eiche, Ahorn, Buche, Kastanie, Birke, Efeu, Erdbeere, Wein und Löwenzahn.
Legt Euch jetzt noch folgende Sachen zurecht: Stoffmalfarbe, altes Zeitungspapier, eine Rolle Küchenkrepp, Pinsel und etwas zum „Abrollen" (Linoldruckwalze, ein glattes, hohes Glas, eine leere Flasche oder eine kleine Nudelrolle).

Legt ein Blatt so auf das Zeitungspapier, daß die Unterseite nach oben zeigt. Ihr erkennt sie an den stärker ausgeprägten Blattrippen.
Jetzt streicht Ihr das Blatt ganz gleichmäßig mit Stoffmalfarben ein.

Nun legt Ihr das Blatt mit der bemalten Seite auf den Stoff und deckt es mit einem Blatt Küchenkrepp ab. (Der Küchenkrepp saugt überschüssige Farbe auf und ist daher sehr wichtig!) Nehmt nun – zum Beispiel – ein Glas und rollt es, ohne dabei etwas zu verschieben, über das Blatt, und zwar vom Blattstiel zur Blattspitze.

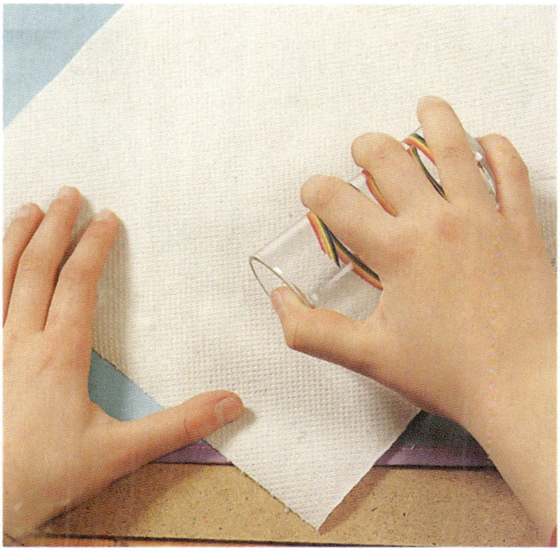

Der Abdruck ist fertig, und Ihr könnt das Blatt vorsichtig wegnehmen. Dasselbe Blatt kann mehrere Male eingestrichen und abgedruckt werden, bevor Ihr ein neues nehmen müßt.

So kann das Ergebnis aussehen, wenn Ihr viele Blätter abgedruckt habt.
Eine schöne Ergänzung sind die blütenähnlichen Kartoffelstempel, die unsere Decke zu einer blühenden Sommerwiese werden lassen. Wie Ihr Kartoffelstempel machen könnt, steht auf Seite 41.

Ihr müßt zugeben, daß unsere Tischdecke Modell „Sommerwiese“ wirklich hübsch aussieht und vor allem als Gartentischdecke voll zur Geltung kommt.

Drucken mit Kartoffelstempeln

Daß man schöne Stempel ganz einfach aus Kartoffeln selber machen kann, wissen bestimmt schon einige von Euch. Selbst die Jüngeren können dabei gut mitmachen. Wenn sie auch besser nicht ohne Hilfe mit dem Messer einen Stempel schnitzen sollten, das Drucken klappt auf jeden Fall – und das macht ja schließlich den meisten Spaß!
Bevor es losgeht, braucht Ihr ein paar verschiedengroße Kartoffeln, ein ungerilltes Küchenmesser, Stoffmalfarbe, Pinsel und einen Bleistift.

Und so wird's gemacht:

Schneidet eine Kartoffel in der Mitte durch und zeichnet mit dem Bleistift die Form auf, die Ihr schnitzen wollt. Mit dem Messer schneidet Ihr nun rundherum das Motiv aus. Laßt aber noch genug an der Kartoffel dran, damit Ihr sie beim Stempeln gut halten könnt.

Fortsetzung auf Seite 42.

◀ Hier seht Ihr einige Anregungen für verschiedene Stempelformen. Beinchen, Fühler, Augen und andere kleine Ergänzungen haben wir mit einem Stoffmalstift vorgenommen.

Dann wird der Kartoffelstempel mit Stoffmalfarbe eingestrichen.

Der eingefärbte Stempel wird nun auf den Stoff gedruckt. Meistens könnt Ihr ihn zweimal hintereinander abdrucken, bevor Ihr ihn erneut mit Farbe einstreichen müßt.

Ihr wollt ein Kleeblatt herstellen? Die in Herzform geschnitzte Kartoffel wird einfach dreimal so zusammengefügt, daß ein Kleeblatt entsteht. Den dazugehörigen Stiel kann man mit dem Pinsel am Schluß hinzufügen.

Drucken mit dem Daumen

Hier seht Ihr Felix beim Drucken mit seinem Daumen! Das ist so einfach, daß selbst die Jüngsten von Euch ganz tolle Sachen machen können. Laßt Euch aber am Anfang von den Eltern oder von älteren Geschwistern ein bißchen helfen, bis Ihr genau wißt, wie's geht!

Zuerst gebt Ihr etwas Stoffmalfarbe in ein flaches Schälchen. Dann tunkt Ihr Euren Daumen in die Farbe.

Wenn Ihr den eingefärbten Daumen auf den Stoff drückt, entsteht ein ovaler Farbtupfer. Viele solcher Farbtupfer hintereinander, und schon ist eine kleine Raupe entstanden.

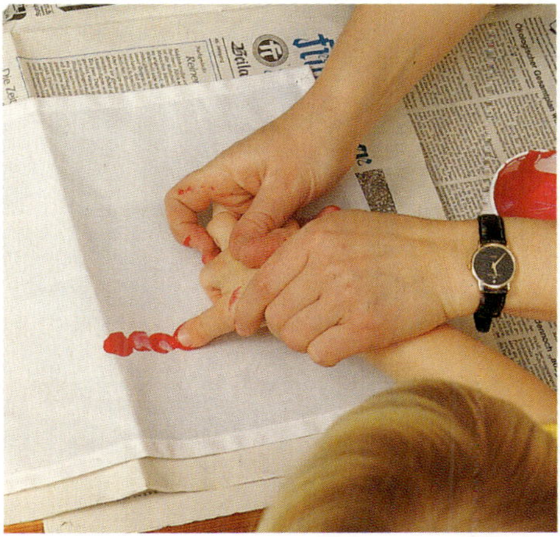

Damit man sie gut erkennen kann, malt Felix mit dem Stoffmalstift Augen, Fühler und Füße daran. Fertig ist das Krabbeltier.

Geschenke für Mutti

Dieses hübsche Geschirrtuch hat Felix (fast) ganz alleine gemacht. Die lustigen Tiere sind mit dem Daumendruck entstanden; die Blumenblätter hat er mit dem Stoffmalstift gemalt.

Was Felix mit dem Daumen gemacht hat, hat Florian gleich mit den ganzen Händen und Füßen probiert.
Wir haben sie ihm mit Stoffmalfarbe eingepinselt (Vorsicht! Das kitzelt!), und er hat sie auf die Stofftasche gedruckt. Über diese Tasche hat sich seine Mama riesig gefreut!

Eine Sommerdecke

Wenn die sommerfrohe Decke von Felix und Florian auf dem Tisch liegt, schmeckt allen das Frühstück gleich nochmal so gut!
Die lustigen Raupen, Marienkäfer, Bienchen und die Blütenblätter der Blumen haben die Zwei mit dem Daumen gedruckt (siehe Seite 43).

Die Schmetterlinge und Blumenstengel entstanden mit Hilfe von Kartoffelstempeln (siehe Seite 41).

Flügel, Fühler und Beinchen haben sie mit dem Stoffmalstift am Schluß noch ergänzt.

Drucken mit „Spong“-Formen

Lustig (sowohl für kleine als auch für große Stoffmaler) ist das Drucken mit fertigen Schaumstofformen, die es unter dem Namen „Spong“ in Bastelgeschäften zu kaufen gibt.

Verschiedene Tiere, aber auch Zahlen, Buchstaben und geometrische Formen gibt es im Sortiment. Damit kann man schnell und einfach viele schöne Sachen machen. Die Beispiele auf den nächsten Seiten zeigen Euch einige Möglichkeiten.

Mit dem Pinsel streicht Ihr eine Seite der Form schön **dick** mit Stoffmalfarbe ein.

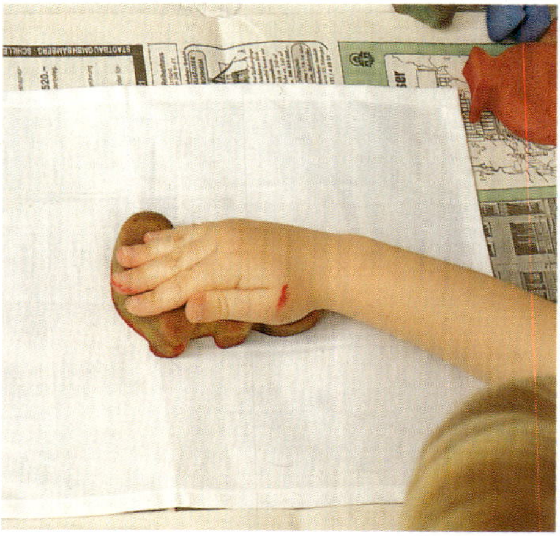

Jetzt dreht Ihr die Form um und drückt sie fest auf den Stoff.

Die Sonne im Bett

„Eigentlich bin ich ja noch gar nicht müde", sagt sich Felix, aber bei dieser tollen, sonnenfrohen Bettwäsche muß man sich einfach mal ab und zu ins Bett legen, selbst wenn noch gar nicht Schlafenszeit ist.

Mit den Spong-Formen hat er sich die Sonnenschein-Bettwäsche selber gemacht – nur ein ganz kleines bißchen hat die Mama geholfen!

Felix hat sich einen kleinen „Dino" ausgewählt. Einfach die Form abnehmen, und fertig ist der Abdruck.

Ein kinderbuntes Alphabet

Hier hat Anna mit den Spong-Formen das halbe ABC auf ihr T-Shirt gedruckt. Der besondere Witz daran: Hinter jedem Buchstaben hat sich etwas versteckt!

Beim „A“ der Affe, beim „E“ der Elefant, beim „N“ das Nilpferd und beim „O“ der Ofen, um Euch nur einige Beispiele zu nennen. Eine lustige Idee!